AF258591

PROCÈS

DE M. CAUCHOIS-LEMAIRE.

Publications de M. Cauchois-Lemaire.

Aux Libéraux. Petites Lettres apologétiques à l'occasion d'une grande Epître.

Sur la Crise actuelle. Lettre à S. A. R. le duc d'Orléans.

Lettres historiques adressées à Sa Grandeur Monseigneur le comte de Peyronnet, in-8. 1827.

Lettre politique, morale et religieuse, adressée à M. Bellart, br. in-8. 1825.

Réponse à un catholique romain, br. in-8. 1825.

Les quatre Évangiles, précédés du *Discours de Marcel*, curé du village de ***, et d'un avant-propos, vol. in-18. 1824.

Lettre à M. Bellart sur son Réquisitoire du 10 juin 1822, br. in-8.

Seconde Lettre à M. Delavau, préfet de police, b. in-8. 1822.

Lettres sur les cent jours, vol. in-8. 1822.

Lettre à MM. Delavau et Ravignan, br. in-8. 1821.

Des Jésuites, par d'Alembert, ouvrage précédé d'un précis de l'Histoire et des Doctrines de cette société; vol. in-18. 1821.

Opuscules, vol. in-8. 1821.

> Ce volume renferme, entre autres articles, *les Mémoires du Nain jaune*, *Procès avec le roi d'Espagne*, *Adresse au congrès par Maubreuil*, *Proces du général Travot*, *Histoire secrète de la Vendée*, *Gouvernement occulte*, etc.

Appel à l'Opinion public, vol. in-8. 1817, publié en Belgique.

IMPRIMERIE DE J. TASTU,
RUE DE VAUGIRARD, N. 36.

PROCÈS

FAIT A LA LETTRE

ADRESSÉE

AU DUC D'ORLÉANS

PAR

CAUCHOIS-LEMAIRE.

PARIS

DELANGLE FRÈRES, LIBRAIRES,

RUE DU BATTOIR-SAINT-ANDRÉ-DES-ARCS, N 19.

#

1828

De la prison de la Force, ce 28 janvier 1828.

A MM. Delangle frères, libraires.

MESSIEURS,

Vous avez bien voulu vous charger de la publication de mes *Petites Lettres apologétiques*, espèce de plaidoirie adressée, par forme d'entretien familier, aux libéraux et aux gens du monde. Voudrez-vous bien vous charger encore de la publication de ma défense légale? Je crois pouvoir compter assez sur votre réponse obligeante pour vous remercier d'avance.

L'opinion, au tribunal de laquelle j'ai moi-même plaidé ma cause, m'a été généralement favorable, vous le savez; et mon peu de talent ne l'a point empêchée de m'absoudre des préventions singulières et contradictoires qui s'étaient élevées contre moi. Par quelle fatalité ai-je échoué auprès de la justice, lorsque, de son aveu même, aussi bien que de l'avis unanime, j'ai été défendu avec une éloquence si vraie et si persuasive?

Auprès de la justice, ai-je dit; pas tout-à-fait encore. La justice heureusement y regardé à deux fois avant d'infliger une peine aussi grave. J'en ai appelé d'elle-même à elle-même; et j'ai lieu d'espérer qu'il en sera de ses premières rigueurs comme de la première sévérité de quelques personnes : elles ne tiendront point en présence de l'accusation plus mûrement, plus sagement approfondie; en présence des faits matériels; car la parole écrite est un fait qu'il faut envisager dans son sens positif, et non point avec un esprit d'hypothèse et d'interprétation, surtout quand il y va de la liberté d'un citoyen.

C'est pour cela, Messieurs, qu'il m'importerait de réunir et de mettre sous les yeux des magistrats et du public les pièces de mon procès qu'il est permis de réimprimer, quand bien même je n'aurais point un motif plus puissant, celui de payer ce faible tribut au talent de mon défenseur, et d'ajouter un chapitre plein d'intérêt à nos annales judi-

ciaires et politiques. Au nombre de ces pièces, et à côté de la brillante improvisation
de Mᵉ Chaix d'Est-Ange, je n'ai garde d'oublier celle de M. l'avocat du Roi ; c'est une
défense aussi qu'une pareille attaque. Je
vous envoie la *Gazette des Tribunaux* où
elle doit être reproduite d'une manière plus
officielle, si j'en juge par le soin que le ré-
dacteur a pris de joindre à ses propres notes
celles que M. Brethous de la Serre a laissées
sur son bureau.

Vous trouverez dans la liasse que je vous
adresse tous les journaux qui ont rendu
compte de cette affaire. L'exactitude des uns
suppléera aux omissions des autres, et de la
comparaison des analyses diverses résultera
un ensemble fidèle et complet. Vous pren-
drez, dans le *Constitutionnel* du 17, le petit
article que cette feuille a extrait de la *Gazette des Tribunaux* et qui paraît avoir été
rédigé sous les yeux de M. Dupin aîné. Je
saisis cette occasion pour remercier, par
votre intermédiaire, ce jurisconsulte célèbre,
et pour l'assurer que je suis beaucoup plus
touché des justes éloges qu'il donne à mon
défenseur, et de l'espèce de consultation qu'il

a , pour ainsi dire , signée en ma faveur, que je n'avais été blessé de ses remarques critiques. Puissent, à son exemple, ceux qui par leurs discours dans le monde ont fait naître contre moi des préjugés dont le résultat est si funeste , revenir à des sentimens aussi favorables et aussi franchement exprimés !

La plaidoirie improvisée de Me Chaix d'Est-Ange a été revue et rétablie dans son intégrité , d'après le travail d'un sténographe. La discussion de détail , la réfutation , article par article , des assertions de M. l'avocat du Roi, qu'il était difficile aux journaux de reproduire , est ici fort nécessaire. Je crains que mes premiers juges, après un intervalle de plusieurs jours remplis de tant de débats divers , n'aient pas eu cette réfutation assez présente.

Vous serez peut-être surpris, Messieurs , en apprenant que l'avocat qui a si bien plaidé en instance ne plaide point en appel; mais beaucoup moins sensible à son triomphe personnel qu'au malheur de son client, beaucoup moins envieux d'un surcroît de célébrité qu'affligé d'un succès qui n'a tourné qu'à sa gloire, il désire partager avec un autre une tâche qui a été si pénible pour l'amitié. Me Barthe veut bien accepter cette mission.

Vous attendez de moi, sans doute, quelques mots qui servent de préface au plaidoyer de Me Chaix d'Est-Ange. J'allais résumer en effet ce que je vous en ai dit de vive voix avec tant d'émotion, lorsqu'un journal qui, dans cette affaire, n'est suspect ni de flatterie ni de reconnaissance, lorsque le *Globe* m'est parvenu. Je vais transcrire le paragraphe, dont je vous prie de faire usage.

« Me Chaix d'Est-Ange a un genre origi-
» nal au Palais, une élégance toute aca-
» démique avec une diction naïve et forte-
» ment accentuée, une tendresse et une
» flexibilité d'organe qui agit sur les nerfs
» des auditeurs, lors même que leur esprit
» résiste aux argumens de l'orateur. C'est
» une éloquence insinuante et aimable; des
» traits amers, des réflexions hardies, au-
» dacieuses même, s'y rencontrent, mais
» toujours contenues et jetées comme en
» parenthèses. Habituellement, l'orateur ca-
» resse ses juges; on l'écoute comme un

» adolescent qu'on aime. J'ignore si l'âge et
» l'expérience donneront de la force à ce
» talent si plein de charme; mais tel qu'il
» est déjà, il se distingue à côté des plus
» vieilles célébrités du barreau. Puissent
» cette grâce de langage et cette improvi-
» sation brillante s'appuyer sur de fortes
» études! Nous aurions dans quelques années
» un orateur de plus. »

Je vous signale ce passage avec une double satisfaction. D'abord il caractérise l'homme et son talent avec justesse et bonheur; en-suite il appartient à un article dans lequel je suis traité moi-même sans bienveillance, et dont j'aime à me venger ainsi. Il m'est difficile, toutefois, de ne pas déplorer, entre nous, les écarts de cœur et de jugement auxquels peuvent entraîner l'esprit de système et l'esprit de corps. On m'avait bien dit, et j'ai cruellement éprouvé qu'il fallait faire de nombreuses concessions d'indépendance pour être proclamé indépendant, et que le meilleur moyen d'être soutenu, au moins par une fraction de parti, était d'abandon-ner ses propres sentimens et de manquer à son caractère. Je sens, malgré cela, que c'est

úne leçon perdue pour moi; je demeu-
rerai étranger à toute coterie, à mes risques
et périls; on sera injuste à mon égard, et je
rendrai justice à chacun. Si je n'ai point
d'associés qui m'entourent et me prônent, à
charge de revanche, l'estime publique, à la
longue, viendra me consoler, et je pourrai
compter du moins sur le désintéressement
et la sincérité des amis qui me resteront.

Mais ce retour un peu personnel, et que
vous pardonnerez à ma position, Messieurs,
m'a éloigné de l'objet pour lequel je vous
écris. Je voulais, avant de finir, vous recom-
mander mes co-accusés : malheureusement
chaque journal est bien bref sur ce qui les
concerne; leur intérêt est pourtant celui des
écrivains, celui de la liberté de la presse.
Le principe de responsabilité, de censure,
de complicité qu'on leur applique, est le
même qu'on voulait établir dans le dernier
projet de loi de M. Peyronnet, projet re-
poussé par l'indignation générale. Il n'appartient point à la législation actuelle, et
notre haute magistrature en fera justice.
Pour moi, je paierais volontiers du sacri-
fice de ma liberté le triomphe du principe

contraire, et l'acquittement de deux estima-
bles citoyens auxquels tant de publications,
dont je suis l'auteur depuis six ans, et qui
ne m'ont attiré aucune disgrâce judiciaire,
devaient inspirer une confiance et une sé-
curité parfaites.

Agréez, Messieurs, l'assurance de ma
considération.

CAUCHOIS-LEMAIRE.

PROCÈS

DE M. CAUCHOIS-LEMAIRE.

(Sixième Chambre. — Audience du 12 janvier.)

MM. Dufour, *président ;* Phelippes de la Marnière ;
Collette de Baudicourt ; Grandet ; de Metz.

Depuis le procès intenté au *Courrier Français* pour l'honneur de M. de Peyronnet, jamais cause politique n'avait attiré à la sixième Chambre un aussi nombreux concours de personnes. Long – temps avant l'ouverture de l'audience, la salle était envahie par une multitude d'avocats qui occupaient une partie même de l'enceinte réservée au public. L'auditoire entier s'est levé

lorsque M. Cauchois-Lemaire a paru dans
l'espèce d'estrade close où figurent ordinai-
rement les prévenus. Les membres du tribunal ont été introduits à onze heures. Un
tumulte assez grand régnait dans l'assemblée. L'espace qui sépare du barreau les
siéges des magistrats, était occupé par plusieurs avocats qui n'avaient pu trouver de
place. Sur la demande de Me Chaix d'Est-
Ange, M. le président ordonne qu'un siége
soit réservé, dans l'enceinte du parquet à
M. Cauchois-Lemaire. Le prévenu vient y
prendre place; le banc qu'il occupait d'a-
bord est aussitôt envahi par ceux des avocats que le barreau ne pouvait conte-
nir.

Deux affaires insignifiantes sont d'abord
expédiées par le tribunal. On appelle en-
suite celle de MM. Cauchois-Lemaire, Ponthieu, Schubart et Cosson. Les questions
d'usage sont adressées à chacun des prévenus. M. Cauchois-Lemaire se reconnaît
l'auteur de la brochure incriminée et qui a
pour titre : *Sur la crise actuelle, Lettre a
M. le duc d'Orléans.* MM. Ponthieu et Schubart, libraires, et M. Cosson, imprimeur,

reconnaissent également avoir imprimé et
vendu cet ouvrage. »

Me *Chaix d'Est-Ange*, défenseur de M. Gau-
chois-Lemaire, prend la parole, et pose
des conclusions préjudicielles tendant à
ce que le tribunal déclare nulles les poursuites dirigées contre le prévenu, et ordonne «
sans délai sa mise en liberté, attendu que la «
notification du procès-verbal de saisie, pres- «
crite par l'article 7 de la loi du 26 mai 1819, «
n'a pas été faite entre les mains du prévenu. «

M. Brethous de la Serre, avocat du Roi,
pense qu'il n'y a pas lieu de s'arrêter à cette
fin de non-recevoir, puisque cette notification a été faite aux éditeurs.

Le tribunal joint l'incident au fond pour y
statuer par un seul et même jugement.

M. l'avocat du Roi reprend aussitôt la parole, et développe ainsi la prévention :

« Messieurs, dit ce magistrat, la liberté
de la presse, ce bienfait du Roi, n'a pas ren-
contré d'ennemi plus redoutable que la licence effrénée qui, à l'ombre de cette pré-
cieuse liberté, sème si souvent au milieu de
la société des germes de trouble, d'anarchie
et de destruction.

» C'est cet ennemi dangereux qu'ont signalé et combattu , à différentes époques ,
des écrivains éloquens et des hommes d'État,
jaloux qu'ils étaient de protéger les libertés
publiques.

« Il est une triste vérité , écrivait le pré-
» sident des États-Unis, c'est que la sup-
» pression de la liberté de la presse ne prive
» pas plus le peuple des avantages qui peu-
» vent en résulter que ne le fait la perver-
» sité avec laquelle on l'emploie à propa-
» ger des faussetés. »

» Le sanctuaire de la justice a trop fré-
quemment retenti des scandaleux excès de
la licence de la presse, pour que cette vérité ne soit pas surtout frappante pour les
magistrats.

» Vous l'avez vue naguère cette licence ,
violant avec audace l'asile sacré des familles,
s'y établir comme en triomphe , armée de
cette calomnie qui obsède ceux qui la crai-
gnent , et poignarde ceux qui la bravent,
insulter cruellement les citoyens jusque
dans leurs affections les plus chères, et pro-
diguer à tout ce qu'il y a d'honorable dans
la société les outrages les plus sanglans.

(13)

» Vous la verrez aujourd'hui, enhardie par ses succès, oser s'attaquer à la dignité royale et aux prérogatives de la couronne, oser audacieusement provoquer à la violation de ce principe tutélaire de la légitimité, auquel la France s'est attachée comme à l'ancre unique de son salut.

» Tels sont en effet, Messieurs, les coupables caractères de la brochure, intitulée : *Sur la crise actuelle, lettre à S. A. R. Mgr. le duc d'Orléans*, ouvrage dont la publication a dû exciter la sollicitude de notre ministère, et ne méritera que trop la sévérité de votre justice.

» Abusant d'un nom qu'il devait respecter et que nous vénérons tous, ce n'est point par les vertus qui distinguent S. A. R. ; ce n'est point par l'attachement inébranlable qu'elle porte au principe de la légitimité, que l'auteur appelle sur le premier prince du sang les vœux et l'intérêt des Français ; il semble même disposé à faire à S. A. R. un reproche de sa fidélité, et à s'irriter de ce qu'elle est le modèle de l'attachement, du dévouement, de la soumission et de l'obéissance due au Roi.

» S'il offre en perspective le prince exer-
çant une espèce de royauté morale ; s'il
semble vouloir en apparence le constituer
seulement chef d'une opposition constitutionnelle, ces idées sont loin d'être assez
positives pour le commun des lecteurs, qui
sont artificieusement amenés à substituer une
royauté réelle à cette prétendue domination
morale, une opposition directe et active à
cette espèce de résistance passive, dont l'auteur, dans quelques passages, semble faire
croire qu'il se contenterait.

» Il est impossible, en effet, de ne pas
reconnaître dans l'ensemble de l'ouvrage
une astucieuse tactique, à l'aide de laquelle
l'auteur a espéré pouvoir couvrir aux yeux
de la justice (nous sommes forcés de le dire)
des provocations directes et positives au renversement du gouvernement.

» Sans cesse il rappelle, dans des termes
outrageans pour la prérogative royale, que
monseigneur le duc d'Orléans a été privé du
droit de siéger à la Chambre des pairs ; il
prétend que par-là ses services et ses conseils ont été méprisés : il réunit tous ses efforts pour aigrir le prince, dans la coupable

et vaine espérance d'ébranler sa fidélité, de
le détacher de ses devoirs envers son souverain et de l'entraîner à les violer.

» Un tel écrit n'a pu exciter que l'indignation de S. A. R. à qui son dévouement au
Roi et son attachement à ses devoirs inter-
disent jusqu'à la pensée d'autoriser, même
tacitement l'appel qu'on ose lui adresser.
Mais qui pourrait méconnaître l'influence
dangereuse et funeste que doit exercer sur
les esprits crédules ou disposés à l'agitation,
ce libelle où respire du commencement à la
fin un esprit d'hostilité contre le gouvernement du Roi, où se manifestent presque
à chaque page une absence de tout respect pour la légitimité et un système perpé-
tuel d'attaque contre l'ordre de successibilité
au trône.

» Tel est, Messieurs, le caractère de l'ouvrage que nous vous dénonçons ; mais nous
n'avons garde d'oublier que la loi ne per-
mettrait pas de condamner sur les intentions probables de l'auteur ; il faut que ces intentions soient évidentes, il faut qu'elles
ressortent avec éclat, soit de l'ensemble de
l'écrit, soit des divers passages incriminés.

» Nous fixerons d'abord votre attention sur ceux de ces passages que la Chambre du conseil a considérés comme présentant les caractères d'offense envers la personne du Roi et les membres de son auguste famille, d'attaque contre l'autorité royale et de provocation à l'usurpation de fonctions civiles et militaires.

» Nous relèverons ensuite les passages incriminés comme constituant des attaques contre l'ordre de successibilité et des provocations non suivies d'effet au changement de ce même ordre de successibilité. »

M. l'avocat du Roi donne ici lecture des articles incriminés.

« L'auteur, dit-il, fait parler le prince :

« Moi ! direz-vous peut-être, et que suis-je ? Pair du royaume, je subis, la France le sait, un ostracisme qui m'interdit toute participation aux affaires publiques. — Voilà précisément, Monseigneur, le point en litige. Celui que l'on suspend de ses priviléges, est-il suspendu pour cela du droit commun ? La patrie est-elle circonscrite dans la Chambre haute ? L'inaction parlementaire condamné-t-elle tout l'homme à la léthargie politique ?

Et dès qu'on n'est plus Seigneurie, n'est-on plus rien ? Questions téméraires, s'écrieront quelques-uns ; inconvenantes ou tout au moins oiseuses, diront quelques autres. Questions naturelles et utiles sous un régime constitutionnel, leur répondrai-je. »

« Il n'est pas besoin d'efforts, reprend M. l'avocat du Roi, pour mettre en évidence le venin que renferment ces passages. L'art. 31 de la Charte ne dispose-t-il pas que les princes du sang, pairs de naissance, ne peuvent siéger à la Chambre haute qu'en vertu d'un ordre exprès du Roi exprimé par un message à chaque session, et ce, à peine de nullité de ce qui aurait été fait en leur présence.

» C'est donc une offense envers le Roi, c'est une attaque contre son autorité constitutionnelle que de présenter S. A. R. Mgr. le duc d'Orléans comme frappé d'ostracisme, comme dépouillé de ses priviléges, comme victime enfin d'une injustice, lorsque le Roi n'a fait qu'user comme il lui a plu des prérogatives de sa couronne. »

Le même délit résulte également aux yeux du ministère public du passage suivant :

« Page 25 : Passe encore, répliqua l'élève de Saint-Simon, pour des princes en activité de service ; mais quand ils sont à la retraite, ou en expectative indéfinie, quel emploi leur assignerez-vous qui vaille les émolumens ? Je suis persuadé, répondis-je, que dans une monarchie constitutionnelle un prince, comme un autre, doit et peut acquitter son tribut national ; il le peut surtout au milieu de la nation française et dans les circonstances actuelles. Tout cela est vague, interrompit votre ami ; la critique serait trop aisée si, après avoir blâmé en détail, elle se contentait de dire en général : Accomplissez votre devoir. Quel est-il ce devoir pour l'homme que sa naissance fait membre de la Chambre haute, et auquel l'accès de cette Chambre est fermé ? »

« Page 17, continue M. Brethous de la Serre, l'auteur s'exprime ainsi :

« La conduite du prince fut conforme à ses dernières paroles. Au lieu d'aller à Gand, il se rendit en Angleterre, ce qui le dispensa de s'associer au système qui marqua l'époque de 1815, et de rentrer à la suite des vainqueurs. »

(19)

» Il n'y a pas un lecteur , dit M. l'avocat
du Roi , qui ne comprenne ce qu'a d'offen-
sant pour le Roi et la famille royale ce passage avec ses insinuations perfides.

» L'auteur voudrait bien nous faire oublier quels furent, en 1815, les sauveurs de
la France ; mais nous sommes trop rappro-
chés de cette époque pour ignorer que les
Bourbons ne revinrent pas en France ,
comme il ose le dire , à la suite des armées
étrangères, de ces armées ulcérées de leurs
anciennes défaites, brûlant de la soif de ven-
geances long-temps amassées , et menaçant
de porter la flamme et le fer dans notre beau
pays ; mais qu'ils accoururent au contraire
pour se jeter entre ces mêmes armées et leur
peuple , ou plutôt leurs enfans, pour con-
jurer les maux imminens de notre patrie , et
pour obtenir du respect que commandaient
leurs vertus comme leurs malheurs , qu'on
ne mît pas le comble à leur infortune , en
ruinant un pays qui les avait vus naître, et
où avaient brillé avec tant d'éclat pour la
gloire de la monarchie, les hautes vertus de
leurs glorieux ancêtres. »

M. l'avocat du Roi passe au chef de pré-

2*

vention relatif à l'attaque à l'autorité royale, à l'ordre de successibilité au trône. Il le fait résulter du passage suivant :

« Et pour m'expliquer plus clairement par une supposition, si je vivais sous le règne du prince qui porta votre titre avant de porter le nom de Louis XII, et que ce fût à lui qu'allât cette feuille, le Roi de France n'aurait à mon égard, ni à pardonner les injures, ni à récompenser les services reçus par le duc d'Orléans.

» Il est une autre inquiétude contre laquelle cette missive est de nature à rassurer l'homme le plus prompt à s'alarmer, et dont je ne puis vous entretenir sérieusement. L'idée un peu folle m'en est venue en lisant une anecdote qui vous concerne et qu'un historien a recueillie. Walter Scott raconte que, dans un de ces jours d'émotion politique, si fréquens depuis 1814, un billet anonyme exprimant plus d'intérêt qu'il ne vous convient d'en inspirer, fut glissé jusque sous la main de Votre Altesse qui, pour toute réponse, se hâta de le remettre à l'autorité légitime. Votre prudence n'aurait point à prendre les mêmes précautions con-

tre ma lettre, quand bien même elle ne pas-
serait pas sous les yeux de l'autorité avant
d'arriver sous les vôtres : elle est écrite par un
ami de l'ordre, de la conciliation générale,
de la paix publique fondée sur des bases
solides. »

« On voit, dit le ministère public, que
l'auteur, dès ses premières pages, est dominé
par l'idée de hâter le règne du prince pour
lequel il écrit; mais il s'empresse de rappeler
qu'un billet anonyme, exprimant plus d'intérêt qu'il ne convenait au duc d'Orléans
d'en inspirer, fut glissé jusque sous la main
de Son Altesse. Il ne manque pas d'ajouter,
comme palliatif, que la prudence du prince
n'aurait pas les mêmes précautions à prendre
contre sa lettre, parce qu'elle est écrite par
un ami de l'ordre. Vous apprécierez, Messieurs, tous ces rapprochemens de passages
où l'auteur se défend d'agir dans des vues
intéressées. C'est une manière adroite de se
mettre en garde contre l'accusation méritée
d'odieuses provocations au renversement de
la monarchie.

» La provocation à la révolte résulte évidemment des passages suivans :

Page 26 : « Votre ami, qui suivait son idée, observa que Massillon parlait au moins des princes qui gouvernent, qui ont l'autorité. On la prend, lui repartis-je, quand on est si bien placé pour cela. — J'entends l'autorité d'opinions, d'influence, l'autorité sans budget et sans gendarmes. »

Page 38 : « En cas de péril imminent, de désastre, de grand service à rendre, soit que des brigands pillent et tuent, soit qu'il y ait incendie ou inondation, chacun prend son titre de la circonstance, et reçoit mission de son courage. »

Page 39 : « Mais à dater de 1817, les chances de succès et d'utilité se multiplient. Si j'avais tardé jusque-là, c'est alors, à coup sûr, que j'aurais jeté les fondemens de mon empire tutélaire. »

Page 55 : « Si vous aviez été le personnage réel du rôle que j'ai joué avec plus de hardiesse que de talent, l'intrigue n'eût point pris ce caractère; vous seriez intervenu avant que Tartufe se fût impatronisé dans la maison; ou du moins, à l'heure qu'il est, vous seriez prêt pour le dénouement; vous nous donneriez un coup de main pour chasser le pauvre homme et ravoir la cassette. »

« Vous voyez, dit M. l'avocat du Roi, que dans ces passages l'auteur a pour but d'exciter Son Altesse Royale à se mettre à la tête d'un parti; qu'il lui signale les circonstances actuelles comme favorables pour elle, qu'il lui indique le dénouement. Il est vrai qu'il cherche à se ménager des excuses; mais vous pénétrerez sa véritable intention, vous ne vous arrêterez pas à de puérils correctifs qui ne sauraient abuser personne. »

Page 56 : « Et pour ne pas perdre ses habitudes de conseiller, il vous engage à en faire autant, et à échanger vos armoiries ducales contre la couronne civique. Allons, Prince, un peu de courage; il reste dans notre monarchie une belle place à prendre, la place qu'occuperait La Fayette dans une république, celle de premier citoyen de France; votre principauté n'est qu'un chétif canonicat auprès de cette royauté morale. »

« Nous ne relèverons pas, Messieurs, reprend M. l'avocat du Roi, le cynisme de ces apostrophes; elles rappellent le langage d'une sinistre époque vers laquelle l'auteur voudrait sans doute nous ramener. Il a cherché

(24)

un palliatif dans ces mots: *Royauté morale ;*
mais peut-on espérer, à l'aide de pareils
correctifs, faire impunément des provocations de cette nature ? »

Page 57 : « Le peuple français est un grand
enfant qui ne demande pas mieux que d'a-
voir un tuteur ; soyez-le pour qu'il ne tombe
pas en de méchantes mains. »

Page 61 : « Rien ne résiste au patriotisme
généreux qui a une grande illustration no-
biliaire, une place éminente, une immense
fortune : triple condition que réunit Votre
Altesse. Avec cela elle n'a qu'à se baisser pour
prendre le joyau qui est là par terre, que
plusieurs se disputent, et qu'aucun ne peut
ramasser , faute d'avoir ce que vous avez par
la grâce de Dieu. »

Page 62 : « Là un prince qui verrait l'É-
tat en péril ne se résignerait point à se croi-
ser les bras. Afin que le char si mal conduit
ne se verse pas, nous avons fait de notre
côté tous nos efforts : essayez du vôtre, et
saisissons ensemble la roue sur le penchant
du précipice. »

« Quel lecteur, dit M. l'avocat du Roi,
pourrait se méprendre sur le sens de ces pas-

sages ? N'est-ce pas dire au prince qu'il doit usurper la couronne, et qu'il est en position de le faire ? »

Page 68 : « Et pourtant sans un peu d'aide, lorsque les forces de la France nouvelle seront à leur point de maturité, les nôtres seront engourdies par la vieillesse; et la génération moyenne serait bien aise de goûter les fruits de la terre promise. Si ce n'est Moïse, que ce soit Josué qui nous y mène, et passons le Jourdain : tel est l'objet de ma requête. Si elle n'est pas entendue, je doute que quelqu'un de nos neveux ait, comme moi, la fantaisie d'écrire à un duc : en ce cas du moins, il n'aura que l'embarras de choisir son correspondant. Il en est jusqu'à trois que je puis nommer. Tandis que nous déclinons, le duc de Bordeaux, le duc de Chartres, et même le duc de Reichstadt grandissent. »

« Ici, dit M. l'avocat du Roi, se découvre la pensée de l'auteur ; sa pensée apparaît tout entière, dépouillée de tout artifice du langage. Il ne parle plus du désir de fortifier une opposition légale et constitutionnelle. Il provoque à l'usurpation de la couronne. Telle est; comme il le dit, la terre promise qu'appellent ses vœux sacriléges, lorsqu'il convient qu'en écrivant son libelle il s'est proposé le même but que celui qu'on pourrait se proposer en adressant un jour, suivant ses expressions, une semblable requête au duc de Reichstadt.

« Dans ces circonstances, nous concluons à ce qu'il soit fait au prévenu Cauchois-Lemaire application des art. 9 et 10 de la loi du 17 mai 1819, des art. 1 et 2 de la loi du 25 mars 1822, et qu'il soit condamné à 5 ans de prison et 6,000 fr. d'amende. »

M. l'avocat du Roi, arrivant à la prévention en ce qui regarde les imprimeur et libraires, soutient que leur complicité est évidente, qu'ils ne peuvent arguer de leur bonne foi lorsqu'ils ont imprimé l'ouvrage d'un homme déjà frappé par les condamnations de la justice, pour provocation à la révolte en excitant à la haine et au mépris du gouvernement du Roi. Il conclut à ce que les sieurs Ponthieu, Cosson et Schubart soient condamnés à un mois de prison et 50 fr. d'amende.

Me Chaix d'Est-Ange se lève aussitôt, et

au milieu d'un profond silence, s'exprime
en ces termes :

« MESSIEURS,

» Une rigueur inusitée a signalé les poursuites dirigées contre M. Cauchois-Lemaire.
On a cru devoir s'assurer provisoirement de
sa personne, et, par un choix heureux, c'est
dans un jour consacré à la joie, qu'on est
venu exécuter contre lui une mesure presque inouïe ; qu'on est venu, sur une simple
prévention, l'arracher à son lit pour le conduire en prison, et le jeter dans une chambre au milieu de douze détenus. Voilà les
premiers complimens qu'il ait reçus à son
réveil ; voilà les premiers vœux qui lui aient
été présentés.

» D'où vient donc cette sévérité si impa-
tiente contre un homme qui n'est pas encore jugé, cette sévérité injuste quand elle
n'est pas commandée par des projets de fuite,
par des préparatifs de départ ? M. Cauchois-
Lemaire cherchait-il à se soustraire aux
poursuites de la justice ? Non, Messieurs, tout

au contraire : sa conduite témoignait hautement de sa confiance dans les magistrats, et
de son respect pour eux : dès qu'il apprend
la saisie de sa brochure, il quitte la campagne
qu'il habite, il arrive à Paris, il s'empresse,
et sans avoir reçu aucun mandat du juge,
il paraît spontanément devant lui, et se soumet à un interrogatoire qu'on n'avait pas
encore eu le temps de provoquer; ainsi, il
enlevait tout prétexte à une rigueur qui
était sans nécessité, comme elle était presque sans exemple.

» Et si je m'afflige ici de ces mesures violentes, ce n'est pas seulement dans l'intérêt
de la cause que je défends aujourd'hui; mais
ces mesures intéressent et frappent tous les
gens de lettres. Quelle que soit leur opinion,
elles doivent les alarmer pour l'avenir et leur
faire prendre parti en faveur de M. Cauchois-
Lemaire; ainsi récemment toutes les ames
généreuses se sont émues, en apprenant
qu'un écrivain avait été attaché côte à côte
avec un malfaiteur couvert de lèpre. On s'é-
tonne de même aujourd'hui en apprenant
que, par une mesure provisoire, préventive,
on a jeté en prison un homme de lettres qui

était venu volontairement se confier à la justice.

» Et toutefois ces épreuves de quelques jours, il faut les oublier aujourd'hui, aujourd'hui que M. Cauchois-Lemaire traduit devant vous doit espérer de votre sagesse la fin de son injuste détention, ou plutôt, Messieurs, s'il faut conserver dans ces débats quelque souvenir d'une telle mesure, c'est uniquement pour rendre la cause de M. Cauchois-Lemaire plus favorable et plus digne encore de votre intérêt et de votre bienveillance.

» Avant d'entrer dans la discussion des nombreux passages qui ont été incriminés, avant de vous présenter la réfutation de chaque partie du réquisitoire que vous venez d'entendre, je dois examiner quelques questions; je dois poser quelques principes. Ces questions intéressent toutes la liberté d'écrire et les droits de l'Opposition en France. C'est vous dire assez qu'elles se rattachent nécessairement à la cause sur laquelle vous êtes appelés à prononcer.

» Et d'abord, Messieurs, il est une vérité d'où partent toutes les autres et qui n'est au-

jourd'hui sujette à aucune contestation : c'est
que l'Opposition est nécessaire dans un gouvernement représentatif. Gardienne attentive
des libertés nationales, elle signale les empié-
temens du pouvoir, et parvient quelquefois
à les réprimer. Si cependant la marche du gouvernement devient telle qu'elle mette en péril,
non-seulement les libertés publiques, mais
aussi la stabilité du trône lui-même, l'Opposition alors s'émeut plus vivement. Elle se montre de toutes parts, et partout où il reste quelque indépendance, le pouvoir la rencontre
résistant à son action et signalant le danger.

» Qu'arrive-t-il, Messieurs, lorsqu'un tel état
de choses est reconnu et consacré ? L'opinion
publique se contente de cette Opposition qui
la représente et soutient régulièrement ses
droits. Elle demeure paisible et confiante
tant que ses défenseurs ont du moins la liberté de parler en son nom. Mais, si cette
liberté leur était interdite ; si elle manquait
de tout moyen régulier de se faire entendre,
certes alors, se voyant menacée de toutes
parts, l'opinion publique, égarée hors des
voies légales qui lui avaient été promises,
s'ouvrirait violemment une route nouvelle ;

et quand après une longue et muette patience, arrive enfin ce jour d'une brusque
réaction; ce n'est plus le changement d'une
mesure isolée, ce n'est plus même la chute
d'un ministre odieux que l'on demande : les
prétentions populaires, une fois agitées, ne
se contentent plus de telles mesures; d'autant
plus violentes qu'elles ont été plus étroite-
ment comprimées, elles deviennent plus exi-
geantes et plus impérieuses. C'est ce tableau
d'un peuple auquel on avait promis la liberté, auquel on impose l'esclavage; c'est
ce calme apparent mais terrible que Montesquieu, parlant de la liberté anglaise, a
peint avec de si vives couleurs : « Si les ter-
» reurs, dit-il, naissaient à l'occasion du
» renversement des lois fondamentales, elles
» seraient sourdes, funestes, atroces, et
» produiraient des catastrophes. Bientôt on
» verrait un calme affreux, pendant lequel
» tout se réunirait contre la puissance vio-
» latrice des lois. » C'est pour prévenir ces
dangers, pour éviter ces vives réactions,
que dans un gouvernement représentatif,
il faut qu'une Opposition existe forte, puis-
sante, ayant des organes nombreux, ca-

pables, non pas de se faire obéir, mais de se faire entendre, de se faire respecter.

» Ici se place une réflexion dont chacun de vous, Messieurs, appréciera la justesse. Lorsque l'Opposition ne se borne pas à demander la révocation de telle ou telle mesure, mais le renvoi du ministère lui-même, et le changement des principes qu'il avait adoptés, alors ce n'est plus au ministère qu'il faut s'adresser, c'est à la couronne. Pour cela il faut qu'il y ait près du trône une voix amie assez digne de confiance pour balancer l'influence ministérielle, et qui puisse à chaque instant se faire entendre du Monarque, l'éclairer par de vives lumières, l'avertir par des conseils respectueux.

» Tout vous indique qui doit se charger de ce soin : la nature des choses, les positions sociales, l'étiquette même de la cour, et jusqu'aux habitudes du palais, tout vous montre que c'est un prince de la famille royale qui doit représenter alors l'opinion publique. Il y a même à cela une politique fort habile, fort ingénieuse quand c'est le prince héréditaire qui remplit lui-même cette mission auprès du monarque. Il s'as-

sure ainsi l'affection de ceux sur lesquels il
doit régner un jour; toutes les fautes, toutes
les attaques, toutes les violences du gouvernement qui le précède, combattues hautement par lui, lui seront un jour autant de
titres à la confiance et à l'amour de ses sujets;
l'affection qui est épuisée avec celui-ci, se
renouvelle avec celui-là. Si cependant on
opprime le peuple; hé bien! le peuple se
console et vit d'espérance en pensant au règne qui doit suivre. Bientôt même, avec
cette mobilité indulgente et facile qui le caractérise, toutes les persécutions dont il a
été victime, toutes les mesures odieuses qui
l'ont frappé, il les oublie au milieu des joies
et des augures favorables d'un nouvel avé-
nement. C'est ainsi que, sans effort, sans
secousse, les règnes se succèdent, les dynas-
ties se perpétuent; et ce qui est un moyen
de succès, d'espérance du moins, pour l'Opposition, devient en même temps un gage
certain de stabilité pour le trône.

» Et ici, Messieurs, ne croyez pas que
ce soit un rêve de mon imagination que je
vous présente, et qu'il s'agisse d'une théorie
inventée par moi pour le besoin de la

cause; je n'ai pas tant de mérite : simple historien, je ne fais que raconter ce qui s'offre à chaque instant sous nos yeux. Voyez, en effet, ce qui se passe presque constamment en Angleterre, dans ce pays où les habitudes du gouvernement représentatif sont déjà anciennes, où les droits et les devoirs de la royauté constitutionnelle sont bien fixés et bien compris; là les exemples abondent et se présentent en foule à la mémoire de chacun de nous. Sous un ministère fameux par ses scandales et ses maximes de corruption, le prince de Galles, celui dont le fils devint roi depuis sous le nom de Georges III, se place lui-même à la tête de l'Opposition. Exilé long-temps de la cour, et banni de la présence de son père, il va avec Bolyngbröcke préparer les écrits qui doivent flétrir à jamais la mémoire de Walpole. Plus tard, le Roi, qui gouverne aujourd'hui la Grande-Bretagne, a long-temps dirigé l'Opposition anglaise; et, sous son règne, nous voyons le duc de Sussex s'associer constamment aux Tierney, aux Francis Burdett, et whig ardent comme eux, appuyer avec éclat toutes les mesures réclamées par l'Opposition.

» En France, il faut en convenir, les exemples ne sont pas si nombreux ; en France où nous sortons à peine du régime absolu de la monarchie ou du despotisme de l'empire, nos traditions constitutionnelles ne sont pas encore anciennes.

» A l'exception de ces protestations énergiques et solennelles, présentées par les princés du sang à la cour du parlement contre la légitimation des bâtards de Louis XIV, l'histoire a conservé peu de traces de ces oppositions, simples querelles de famille, qui se consumaient en intrigues de cour et dépassaient rarement l'enceinte du palais. Mais que voyons-nous depuis l'établissement en France d'une monarchie tempérée ? Sous Louis XVI, le comte de Provence demande plus de liberté que n'en veut accorder le Roi ; et, premier prince de la famille régnante, à l'assemblée des notables, il se place dans l'Opposition et vote contre la cour. Il en est de même plus tard : lorsque le comte de Provence, devenu roi, reparait en France, le comte d'Artois se constitue bientôt le chef de l'Opposition royaliste, et blâme hautement la marche dangereuse selon lui, que l'on fait suivre aux affaires. Ainsi, par exemple, quand un ordre exprès de la sagesse royale licencie la garde nationale du Gard , Monsieur la fait aussitôt remercier en son nom, et par-là proteste publiquement contre un acte que sa politique désapprouve.

» Je vous le demande, Messieurs, le comte de Provence manquait-il à son devoir en ne partageant pas l'avis de son frère? Le comte d'Artois était-il séditieux en blâmant les actes du gouvernement de Louis XVIII? Non, sans doute; ils ont rempli un devoir sacré, un devoir de citoyen et de prince, en obéissant à la voix de leur conscience, plutôt que de suivre les ordres de la cour; en manifestant hautement leur opposition, plutôt que d'approuver, même par leur silence, des mesures qu'ils croyaient dangereuses.

» Hé bien ! ce qu'ils ont fait à cette époque, on peut, on doit le faire encore, et disons-le même, les circonstances où nous nous trouvons sont telles que ce devoir est devenu plus impérieux que jamais.

» Quelle était en effet la position de la France lorsque M. Cauchois-Lemaire écrivait *sur la crise actuelle*, et réclamait, pour en sortir, le secours d'un puissant patronage ? Voilà ce qu'il faut rappeler; car vous sentez, Messieurs, qu'il est indispensable pour ma cause de jeter un coup-d'œil rapide sur notre situation politique, sur les circonstances graves au milieu desquelles l'auteur a pris la plume, et qui suffisent , ce me semble, pour expliquer son écrit et justifier ses intentions.

» Depuis long-temps, trop long-temps déjà, la France vivait sous une administration dont elle gardera éternellement la mémoire. Raconter ses fautes ou ses violences serait une tâche au-dessus de mes forces , comme de votre patience; d'ailleurs, Messieurs, les traces qu'elle a laissées après elle sont trop profondes pour pouvoir être si tôt effacées. Le crédit public attaqué par des lois d'agiotage, le repos des familles troublé par le droit d'aînesse , la plus chère de nos libertés expirant sous une ignoble censure, l'indépendance de nos magistrats atteinte et insultée, l'institution de la pairie presque compromise, la fraude cherchant de toutes parts à fausser nos élections; enfin, pour dernier trait à ce tableau, des citoyens paisibles égorgés de sang-froid au milieu de nos places publiques, voilà, nous le savons trop bien, ce qu'ils ont fait de mal. Qu'on nous dise maintenant, qu'on nous apprenne le bien qu'ils ont fait en échange. Qu'ont-ils soutenu? Qu'ont-ils protégé? Qu'ont-ils défendu en France? La stabilité du trône? Mais elle est compromise par l'envahissement public d'une secte qui juge et qui tue les rois. L'honneur de la religion? Mais elle frémit, cette religion de paix et de charité, à l'idée des échafauds que l'on peut dresser en son nom. La gloire de nos armes? Demandez-leur ce qu'a produit cette campagne illustrée par l'admirable discipline de nos soldats, et par la haute sagesse d'un fils de France; ils vous montreront nos troupes impuissantes quittant cette terre où elles laissent après elles nos trésors, l'esclavage et la guerre civile. Plus loin vous verrez nos agens insultés à Alger, nos flottes bravées par des barbares, et l'honneur du pavillon français enfin vengé à Navarin, mais par une victoire presque séditieuse.

« Tant de scandales enfin avaient lassé la patience publique; toutes les voix s'étaient réunies, toutes les opinions étaient d'accord contre un tel ministère ; l'Opposition en France était partout où la corruption n'était pas ; mais partout l'Opposition était impuissante ; brisée quand le pouvoir pouvait étendre la main sur elle, insultée quand il ne pouvait l'atteindre. Ni les refus de la pairie, ni les décisions de la magistrature, ni les protestations de la garde nationale, ni les votes même des colléges électoraux, rien, ce semble, ne pouvait renverser ces ministres ; rien ne pouvait éclairer cet esprit d'imprudence et d'erreur.

, » Que faire en ce danger ? Tous les moyens sont épuisés, toutes les manifestations sont demeurées inutiles.

» Près du trône, cependant, où les accidens du sort peuvent le placer un jour, il existe un prince, dont il reste encore à demander l'appui ; nos dangers sont les siens, et quand un devoir de bon citoyen et de sujet fidèle ne lui dirait pas d'éclairer son Roi que l'on trompe, de défendre nos franchises que l'on attaque, notre honneur que l'on flétrit, son intérêt de prince lui dirait du moins de veiller soigneusement à la conservation d'un trône qui l'écraserait dans sa chute.

(40)

» Pourquoi donc ne pas s'adresser à lui ?
Pourquoi ne pas lui demander d'être l'organe de l'Opposition, et de porter au pied
du trône nos plaintes et nos prières ? Sans
doute nos vœux ont été calomniés ; il les ré-
tablira tels qu'ils sont ; sans doute nos intérêts
ont été abandonnés ; il les défendra avec
zèle.

» Mais c'est un prince, nous dit-on, et la
raison d'Etat l'oblige à ne rien dire. Quoi
donc ! un prince, dans un gouvernement
constitutionnel, serait d'une si misérable
condition qu'il ne pourrait pas faire ce que
fait publiquement le citoyen le plus obscur !
Tel électeur, parce qu'il est inconnu, doit
voter suivant sa conscience ; tel autre, parce
qu'il est prince, doit voter, suivant la cour ou
plutôt s'abstenir, seule manifestation qu'on
permette à son courage. Le plus chétif bourgeois est libre dans ses affections ; lui, on
lui imposera ses amis, on lui désignera ses
ennemis, et chaque matin sans doute la di-
plomatie lui enverra le bulletin de ce qu'il
doit faire et penser dans le jour. Pourquoi
cette proscription, cette mise hors la loi
commune ? Le prince de Galles, quand il

écrivait avec Bolyngbrocke pour demander le
renvoi de Walpole; le comte de Provence,
quand il votait dans son bureau pour le dou-
blement du tiers, tant d'autres encore man-
quaient donc aux règles de la raison d'Etat!

» C'est l'influence du prince que vous craignez? Mais c'est précisément son influence
que je recherche, que je sollicite; plus il
a de crédit à la cour, plus j'ai le désir de
l'avoir pour organe; plus il a d'accès auprès
du Roi, plus je tiens à ce qu'il se charge
lui-même de parler en mon nom. Et à ce
sujet, Messieurs, un écrivain aussi illustre
par son dévouement à la monarchie que par
l'éclat de ses talens littéraires, M. de Châteaubriant disait dans sa préface de la Monarchie selon la Charte : « Eh quoi! si la
» France me semble menacée de nouveaux
» malheurs; si la légitimité me paraît en péril,
» il faudra que je me taise, parce que je
» suis pair et ministre d'Etat! Mon devoir,
» au contraire, est de signaler l'écueil, de
» tirer le canon de détresse, et d'appeler
» tout le monde au secours. C'est par cette
» raison que, pour la première fois de ma
» vie, je signe mes titres, afin d'annoncer

» mes devoirs et d'ajouter si je puis à cet
» ouvrage le poids de mon rang politique. »

» Hé bien ! dit-on, soit pour un pair
de France ; pour un ministre d'Etat, passe
encore ; mais un prince !... Il ne faut pas
qu'un prince, assis sur les degrés du trône,
devienne trop puissant dans l'opinion publique, qu'il se signale à l'attention du peuple par des actions généreuses, et par la défense de ses intérêts ; et peu s'en faut même
qu'on n'adresse à Cauchois-Lemaire ce singulier reproche de Mazarin : *De quoi vous
avisez-vous de faire un habile homme du
frère du Roi ?*

» Que nous sommes nouveaux, Messieurs,
dans les habitudes constitutionnelles ! Que
nous sommes peu faits aux allures franches
et libres d'un gouvernement représentatif !
Aujourd'hui les maximes du despotisme !..
En France la politique ombrageuse emprun-
tée à l'Orient ! Là, en effet, on redoute fort
l'influence des princes du sang. Là,

Le frère rarement laisse jouir ses frères
De l'honneur dangereux d'être sortis d'un sang
Qui les p de trop près approchés de son rang,

» Chez nous, il est vrai, on ne veut pas faire la condition des princes aussi dure. On ne les tuera pas, non : mais on les condamnera à une nullité complète. Ils auront l'honneur d'être parens du Roi ; mais ils ne seront pas citoyens ; on leur donnera de l'or, des châteaux, des palais ; mais ils resteront esclaves ; ils seront princes enfin, puisqu'il le faut, mais princes fainéans, ayant ainsi dans l'Etat une position indéfinissable, ayant des titres et des prérogatives, mais sans droits, sans liberté, sans conscience politique, plus malheureux mille fois que le plus humble de leurs serviteurs, et vivant au milieu d'un pays libre, comme au fond d'un cloître où l'on voudrait éteindre leur vie. »

» Ah ! s'il en doit être ainsi, Prince ! combien j'ai pitié de vos grandeurs !... Qu'est devenu ce temps où, proscrit et fugitif, cachant votre grand nom sous un nom emprunté, vous viviez loin de la France du produit de vos leçons ? Fier alors d'une humble mais libre fortune, sans doute vous regrettiez la patrie absente ; hé bien ! la patrie vous est rendue, et avec elle votre fortune, vos titres, vos honneurs ; mais la liberté, noble compagne de vos misères, la liberté vous est ravie! Esclave désormais de votre rang, la politique d'un ministre doit dicter vos paroles, l'étiquette de la cour doit régler vos actions, et sous vos cordons , sous votre manteau doré, paraît la chaîne pesante qui vous retient.

» Ah! Messieurs, loin de nous ces honteuses pensées; loin de nous cette politique étroite et misérable; c'est une de nos plus vieilles et de nos plus belles maximes, qu'en mettant le pied sur la terre de France, l'esclave devient libre. Ne disons donc pas qu'en reparaissant en France , un prince est devenu esclave. Qu'il jouisse au contraire, qu'il jouisse tout à la fois de son rang et de notre liberté. Citoyen comme nous , qu'il use comme nous de ses droits. Prince admis au pied du trône, qu'il puisse, si quelque danger nous menace, y déposer avec respect nos craintes et nos prières. La liberté sera fière de ses efforts ; la royauté sera reconnaissante de ses conseils.

» Voilà, Messieurs, ce que désirait M. Cauchois-Lemaire, ce qu'il demandait au prince ; voilà l'objet de la lettre qu'il adressait à S. A. R.

» Cependant il faut en convenir, cette lettre à son apparition a été peu goûtée du public : les chauds partisans de l'étiquette prétendaient que c'était une grande inconvenance d'écrire à un prince sans son aveu, comme si l'usage ne consacrait pas ces communications publiques avec de grands personnages ; comme si en même temps que paraissait la lettre au duc d'Orléans, un auteur d'une autre opinion, M. Madrolle, ne faisait pas paraître une lettre adressée au Roi lui-même ; personne, que je sache, n'a accusé M. Madrolle d'inconvenance. Il est vrai qu'il suppliait Sa Majesté de conserver des ministres qui furent renvoyés le lendemain ; tandis que M. Cauchois-Lemaire priait S. A. R. de presser la chute de ces ministres qui ne sont plus.

» L'auteur cependant était en butte à plus d'une attaque, et tandis que les flatteurs du Prince blâmaient le langage trop familier de l'*Epître*, quelques amis austères de la liberté trouvaient au contraire que le style de l'auteur était humble et sa parole courtisanesque.

» Quoi qu'il en soit, au milieu de ces re-

proches souvent contradictoires, il n'y eut
une chose qui demeura certaine, c'est que lé-
galement l'ouvrage était inattaquable. Avant
ou depuis la saisie, toutes les opinions se
réunirent sur ce point.

» Et ici, Messieurs, je me trouve heureux d'avoir à invoquer le témoignage
d'un homme que l'on nous croit contraire.
M⁰ Dupin aîné, informé de sa saisie, a cependant blâmé l'ouvrage dans un journal.
Mais assurément il n'entendait parler que
de sa convenance ou de son style. Un homme
qui connaît si bien les devoirs et la dignité
de sa profession se serait bien gardé d'ag-
graver auprès de la justice la position de
M. Cauchois-Lemaire. Pour lui, condamner
l'écrit comme journaliste, c'était, comme jurisconsulte, le déclarer innocent ; c'était dire
qu'on pouvait sans scrupule, sans lâcheté,
l'attaquer dans le monde, parce que devant
un tribunal il était inattaquable, parce que
l'auteur ne courait aucun péril judiciaire.
Autrement ce qui n'est en effet qu'une polé-
mique de journaux, une simple critique lit-
téraire, eût été de sa part une odieuse délation.

» Cependant le procureur du Roi, cen-

seur plus rigoureux , a trouvé un délit là où
les plus sévères ne blâmaient qu'une inconvenance.

» Vous sentez très-bien , Messieurs, que
pour arriver à ce résultat, il a fallu faire
dire à la brochure toute autre chose que ce
qu'elle dit en effet. Il a fallu nécessairement
dénaturer , et (oserai - je me servir de
cette expression !) travestir les intentions de
l'auteur. Enfin il a fallu prétendre que sous
ces apparences toujours conservées du respect et de la soumission, on trouverait en
cherchant bien quelque poison caché.

» Cette méprise de l'autorité peut, je crois,
s'expliquer facilement. Comme nous ne sommes pas encore bien habitués à la nature du
gouvernement représentatif, et, si je puis ainsi
parler , bien rompus à la marche et aux droits
de l'Opposition ; les théories en cette matière nous étonnent d'abord tous tant que nous
sommes, et nous-mêmes qui faisons profés-
sion de constitutionnalisme. Le pouvoir surtout qui, dans l'Opposition, trouve un obstacle
et ne voit pas une garantie , s'en alarme toujours. Comme tous les aveugles , il s'irrite
contre le garde-fou qui arrête sa marche

sans songer qu'en même temps il empêche sa chute. Hé bien! dans cette affaire, le pouvoir a agi en aveugle : il a vu une résistance coupable là où il n'y avait qu'une opposition légale ; dans un écrit où il ne se trouvait qu'un appel à de généreux et nobles sentimens, il a cru voir, lui, une provocation à la révolte.

» Une provocation à la révolte ! Prenez y garde : ce reproche peut-être ne s'arrête pas à nous seuls et frappe plus haut que vous ne voudriez atteindre. A qui en effet était adressé cet appel à la révolte, cette provocation au renversement du trône? A un prince du sang ! Mais si je lui adressais un pareil langage, c'est qu'apparemment je croyais le prince disposé à m'entendre. Si j'osais lui donner de semblables conseils, c'est que tout m'assurait qu'il oserait les écouter et les suivre; et vous avez, dites-vous, un profond respect, ou, mieux encore, une profonde vénération pour le prince... Vous ne sentez donc pas la portée de vos reproches, le résultat indirect et cependant inévitable de vos accusations. Quant à vous, Messieurs, qui ne jugez pas ces questions avec l'imprévoyance qu'on met quelquefois à les soulever, vous saurez mieux respecter le prince. Vous ne protesterez pas, comme le ministère public, de votre vénération à sa personne; mais vous rendrez un éclatant hommage à une réputation de loyauté qui suffit pour écarter de lui toute tentative, et vous répondrez par votre jugement : Non, on n'a pas provoqué le prince, car le prince n'est pas provocable.

» Nous venons de voir sur quel personnage il avait fait l'essai de sa provocation ; sera-t-il plus heureux du moins sur l'instant qu'il choisit pour la produire? A une époque qui n'est pas encore bien éloignée de nous, les partis contraires étaient en présence, les passions politiques étaient soulevées et menaçantes; aux révolutions du dehors s'unissaient les troubles de l'intérieur, et au milieu de ce malaise général, au milieu de ce besoin d'agitation, un parti en France pouvait se rencontrer pour répondre au moindre signal, et s'armer au premier cri de la révolte. Mais aujourd'hui, qui songe à la révolte? Où la sédition trouverait-elle un point d'appui? L'Italie est-elle en feu au

nom de la liberté? L'Espagne vient-elle de
proclamer sa constitution? En France,
voyons-nous des esprits inquiets, turbulens,
rêver une révolution, et les tribunaux sévir
contre de nouveaux conspirateurs? Non,
Messieurs, chez nous, autour de nous, tout
est calme et paisible. Le temps a modéré
l'emportement des passions politiques; les
couleurs tranchées des partis s'effacent chaque jour, et des nuances plus nombreuses
et plus douces les unissent au lieu de les
partager; à mesure que se perfectionne notre
éducation constitutionnelle, on comprend
mieux que ce n'est pas à la violence qu'il
faut recourir; l'Opposition se renferme dans
son droit, et ne veut rien que l'exécution
des royales promesses. Quelquefois sans
doute, gênée dans ses manifestations les plus
légitimes, contrariée dans ses vœux les plus
salutaires, l'Opposition devient vive, empor-
tée, violente dans ses termes. Mais elle doit
être ainsi; car autrement, on pourrait dire,
avec Montesquieu, « qu'elle serait comme un
» homme abattu par la maladie, et qui est sans
» passions parce qu'il est sans force. » Cependant, au milieu même de ces emportemens,

elle ne songe jamais à attaquer le trône, et autant elle met de zèle à réclamer la liberté légale, autant elle met de bonne foi à respecter la dynastie. Voilà, ce me semble, le véritable caractère de l'époque où nous vivons, et ce serait assurément commettre la plus lourde méprise que d'espérer aujourd'hui quelques succès d'une provocation à la révolte.

» Et c'est là cependant ce qu'aurait fait un homme auquel on n'a jamais refusé quelque talent, quelque juste appréciation des choses du monde ! Mais du moins comment s'y prend-il pour exécuter son dessein, pour adresser cette provocation si maladroite envers un tel prince, si inopportune à une telle époque ? Sans doute, déguisant son écriture et son style, il va préparer une lettre anonyme, la glisser en secret dans la main du prince, puis fuir aussitôt et disparaître à ses yeux. S'il veut en outre agiter les passions populaires, la presse clandestine lui offre ses secours ; il va furtivement faire imprimer cet écrit, le confier à quelques amis sûrs, et le répandre ainsi sous le manteau ; rien de tout cela. La brochure est pu-

bliquement imprimée, elle porte son nom ,
et le conspirateur dépose lui-même entre les
mains de l'autorité les premiers exemplaires
de l'écrit où il provoque le prince à la révolte.

« » Il faut en convenir, tant d'imprudence
rend la prévention peu vraisemblable. On
est choqué d'abord de tout ce qu'il faut admettre pour y croire. Voyons cependant
l'écrit. Tous les délits de la presse s'y rencontrent à la fois. Le Code pénal et les lois
nouvelles ont été mis également à contribu-
tion, et ma mémoire ne serait pas assez sûre
pour rappeler tant de qualifications diverses.
Car il semble, Messieurs, qu'on ait espéré
entraîner vos suffrages par le nombre des
griefs, ou que ne pouvant caractériser précisément dans l'ouvrage tel ou tel délit, on
ait cru mieux réussir en les reprochant tous
à l'auteur.

» C'est par l'offense au Roi que l'on commence, et voici le passage que l'on cite d'a-
bord.

» Mais avant tout, relevons les paroles
du ministère public, et prenons acte de son
aveu. Il vous a dit lui-même qu'en se livrant

à l'examen des passages incriminés , il ne
fallait pas aller chercher l'intention sous des
termes ambigus, sous des allégories douteuses,
et la faire sortir d'allusions dont le vrai sens
serait incertain. Il faut que cette intention
soit manifeste , évidente , incontestable , et
que jamais l'interprétation ne vienne substituer une parole coupable à la pensée légale
de l'écrivain. N'oubliez pas, Messieurs, ce
sage principe que le ministère public posait
lui-même en commençant son discours ,
mais qu'il ne s'est pas toujours rappelé dans
la suite de sa discussion.

» Cauchois-Lemaire, à la page 13 de sa
Lettre , fait ainsi parler le prince auquel il
l'adresse [1] : plus loin, page 25, il reproduit
la même pensée [2].

» C'est là une offense au Roi , et c'est en
même temps une attaque contre son autorité
constitutionnelle. Pourquoi donc? M. le
duc d'Orléans n'a-t-il pas , en effet , par le
privilége même de sa naissance, le droit de

[1] *Voyez*, dans le Réquisitoire du ministère public,
page 16, ce passage cité.
[2] *Voyez* page 18.

siéger dans la Chambre des pairs? L'exer-
cice de ce droit, il est vrai, reste suspendu,
tant qu'un message royal ne permet pas au
prince de siéger parmi les pairs. Aussi l'é-
crivain, qui connaît notre droit constitutionnel, s'est-il bien gardé de dire au duc
d'Orléans : Méprisez ces défenses , violez la
consigne , forcez la porte de la Chambre
haute et montez à la tribune. Il dit précisément le contraire; à la page 43, il fait parler
le prince et voici le langage qu'il lui prête :
*La porte de la Chambre haute est toujours
fermée pour moi, et je me garde bien d'en
franchir le seuil.* Ainsi, au lieu d'attaquer
l'autorité constitutionnelle du Roi, il la res-
pecte; au lieu de violer ses défenses, il s'y
soumet.

  » Mais, dit-on, il semble blâmer cet *ostracisme.* Nullement : il énonce un fait et voilà
tout; et d'ailleurs, Messieurs, l'écrivain serait-
il coupable s'il avait blâmé le fait qu'il rap-
porte? N'est-il plus permis, sans attaquer l'autorité constitutionnelle du Roi, de critiquer
les actes de la puissance royale, et n'est-ce pas
au contraire un des principes les plus certains
de notre droit public, que les ministres seuls

sont responsables de ce que fait ou ne fait pas le monarque. Ainsi, Messieurs, et pour trancher par un exemple une question que j'aurais honte de discuter aujourd'hui, lorsque récemment une ordonnance royale créa soixante-seize pairs, on sait avec quelle amertume cette mesure fut blâmée. Le ministère public alors garda le silence et ne vint pas soutenir devant la police correctionnelle que l'autorité constitutionnelle du Roi était mise en péril. Pourquoi donc ? Vous le comprenez, Messieurs. Ce n'était pas le Roi, mais ses ministres que l'on attaquait. On ne disait pas que le monarque avait failli en signant l'ordonnance, mais que les ministres, en la proposant, avaient préparé un acte impolitique et dangereux. Ainsi Cauchois-Lemaire aurait pu librement et sans commettre aucun délit blâmer cet *ostracisme* qui éloigne le prince de la Chambre haute. Il aurait eu tort peut-être en politique ; en droit il aurait été à l'abri de tout reproche. Mais il n'a pas même été jusque-là et s'est borné à énoncer, sans approbation comme sans blâme, un fait que personne d'ailleurs ne songe à contester.

» Le Roi est encore offensé, dit-on, ainsi que la famille royale, dans ce passage de la page 17 :

« Au lieu d'aller à Gand, le prince se
» rendit en Angleterre, ce qui le dispensa
» de s'associer au système qui marqua l'é-
» poque de 1815, et de rentrer à la suite des
» vainqueurs. »

» Comment le ministère public trouve-t-il moyen d'attaquer ce passage ? Il n'est pas vrai, dit-il, que le Roi soit rentré en France à la suite des armées étrangères; puis, se servant d'un langage figuré pour échapper à une précision qui l'embarrasse, M. l'avocat du Roi s'empresse d'ajouter : Louis XVIII au contraire est venu se placer entre son peuple et les étrangers ; il est venu pour assurer notre salut à l'aide du respect que commandaient ses vertus et ses malheurs. C'est pour cela qu'il est venu sans doute ; mais en est-il moins vrai de dire qu'il revint à la suite des vainqueurs ? Eh ! Messieurs, faut-il jeter là l'histoire, ou plutôt (car ce n'est pas l'histoire encore) faut-il oublier si vite ces journées toute récentes et ces faits contemporains? J'en appelle aux souvenirs de tous ceux qui m'écoutent : n'est-elle pas vraie, trop vraie cette parole que Louis XVIII est rentré en France à la suite des armées étrangères ? Triste condition pour un Roi et que personne, personne assurément ne déplora plus que lui! Avec quel chagrin il s'en plaignait! avec quelle amertume il regrettait, au milieu des étrangers, de n'être pas entouré d'une armée de Français, d'une armée docile à sa voix, et de ne pas pouvoir, comme son aïeul dont il 'se plaisait à rappeler le souvenir, conquérir lui-même son royaume. *Ah!* disait-il dans l'amertume de son cœur, *je ne suis pas si heureux qu'Henri IV ; je n'ai pas gagné la bataille de Coutras.* Témoins de sa douleur, les conseillers fidèles qui l'avaient accompagné dans l'exil s'affligeaient avec lui. *Nous sommes Français comme vous*, disait M. de Châteaubriant dans un rapport que conservera l'histoire : *Nous sommes Français comme vous, Sire, et notre cœur saigne comme le vôtre à la vue de tant de malheurs.* Et plus tard, rentré dans Paris, quel affligeant spectacle s'offrit à ses regards! Sa capitale déjà envahie, nos musées dépouillés, nos trésors enlevés;

les soldats étrangers dressant leurs tentes
jusque sous ses fenêtres, et, pour comble de
misères, le canon ennemi tourné contre son
propre palais ! Vous parlez du respect que
devaient inspirer ses vertus aussi bien que
ses malheurs !.... Ah ! Messieurs, que ne
puis-je vous peindre dignement au milieu
de tant d'affronts ce vieux roi qui ne peut
faire respecter sa demeure violée, qui ne
peut défendre son peuple qu'on opprime, et
qui, faible et infirme, pour dernier signe
de son impuissance, veut se faire porter sur
le monument que les barbares vont détruire!
Nobles paroles, royales douleurs, ah ! c'est
vous que j'atteste, c'est votre souvenir que
j'invoque : il nous défend et nous protége
mieux que tous nos discours.

» Maintenant, Messieurs, les reproches du
ministère public changent de nature. Ce
n'est plus d'offense au Roi qu'il accuse
Cauchois-Lemaire, c'est d'attaque contre
l'autorité royale et l'ordre de successibilité
au trône.

» Si l'écrivain fait une allusion à Louis XII,
à ce roi de France qui ne venge pas les injures du duc d'Orléans, M. l'avocat du Roi

découvre aussitôt dans ces paroles que l'auteur de la Lettre presse de tous ses vœux le règne du prince auquel il écrit. Voyons si en effet quelque chose de semblable se serait glissé dans ce passage [1].

» Messieurs, en écrivant cette brochure, une inquiétude toute naturelle tourmentait l'homme de lettres. Peut-être, se disait-il, on me croira guidé par l'intérêt personnel; peut-être on pensera qu'animé par ces tristes prévisions que la rigueur du sort pourrait réaliser un jour, je veux me préparer à l'avance de royales récompenses. Le voilà donc qui cherche à éloigner ce doute injurieux que sa vie entière et le style même de son épitre suffiraient d'ailleurs pour écarter. Afin de mieux repousser un soupçon que l'amour-propre et le bon goût lui défendent également de préciser, il choisit une forme délicate, et emprunte à l'histoire de nos rois un de ses plus nobles souvenirs. Sous cet artifice de style, le ministère public voit une pensée coupable, et à l'aide d'une allusion dont l'idée est délicate, dont le sens lé-

____

[1] Voyez le passage, page 20.

gitime frappe tous les esprits, M. l'avocat du Roi devine que Cauchois-Lemaire hâte dé tous ses vœux le règne du prince. L'écrivain cependant a pris soin de repousser lui-même une telle interprétation. Supposant que des conjonctures inopinées, mais possibles néanmoins, appellent le prince, comme autrefois l'un de ses aïeux, à la régence du royaume, il fait dire à S. A. R. : *Dieu, détourne de moi une aussi triste mission de famille!* Le voilà, Messieurs, cet écrivain qui hâte de tous ses vœux le règne du prince, et qui pourtant lui fait déplorer comme une triste mission et une fâcheuse nécessité les événemens qui remettraient en ses mains le gouvernement de la France.

» A la suite du passage ainsi attaqué, M. Cauchois-Lemaire rappelle ce billet anonyme glissé il y a quelques années dans la main du prince, et que S. A. s'empressa de remettre à l'autorité légitime.

» J'ai peine à concevoir par quelle interprétation le ministère public s'empare d'un passage qui éloigne au contraire toute idée de culpabilité. Comment n'a-t-on pas vu, en effet, que cette anecdote, connue et citée par l'écrivain, devait à jamais éloigner de son esprit l'idée de donner au prince de blâmables conseils. Maladroit conspirateur ! Vous savez qu'en 1815 le prince a fait connaître à l'autorité les coupables propositions qu'on lui adressait en secret, et vous pensez qu'aujourd'hui il accueillerait avec faveur les provocations criminelles que vous lui adressez publiquement. Lorsque les troubles de l'Etat semblaient devoir éveiller l'ambition, il s'est noblement indigné à cette pensée d'usurpation que vous ne craignez pas de lui reproduire dans un moment de paix et de stabilité !

» Eh ! Messieurs, pour donner quelque vraisemblance à cette prévention, il fallait soutenir au contraire que l'écrivain ne connaissait rien de la vie du prince, et ignorait les gages de loyauté qu'il avait donnés à la couronne ; mais prétendre qu'il savait cette anecdote et qu'il a voulu néanmoins faire un appel à la révolte, voilà ce qu'il est impossible d'admettre. Ce serait folie de sa part et vous ne pouvez l'en croire coupable.

» Page 36 de la Brochure, l'auteur félicite Mgr. le duc d'Orléans de ce qu'en 1815 il a délié les soldats du serment de fidélité. Ce passage est dans le nombre de ceux que l'on attaque. Il faut s'entendre cependant : de quoi se plaint en effet le ministère public? Est-ce l'énonciation du fait, est-ce l'éloge donné à ce fait, qu'il incrimine? Quant à l'énonciation, elle est exacte; il est très-vrai qu'en 1815, après avoir tout employé pour défendre le trône, voyant que toute chance de succès était perdue, que toute résistance devenait inutile ou plutôt dangereuse, le prince a cédé à une nécessité cruelle pour lui. Il a dégagé le petit nombre de soldats qui lui restaient encore, d'un serment de fidélité qui n'aurait fait qu'entraîner leur perte et compromettre le repos de la France. Je vous rends à vous-mêmes, leur a-t-il dit; car privé d'ordres, je n'en ai plus à vous transmettre. Faites désormais, non pas ce que la sédition sollicite de vous, mais ce que vous conseillent votre conscience et vos devoirs. Voilà, Messieurs, ce que l'on trouve consigné dans un document officiel dont l'exactitude ne saurait être contestée.

»C'est donc l'éloge donné à ce fait que vous

blâmez. Ici je n'ai plus rien à dire ; car je suis chargé de défendre M. Cauchois-Lemaire et non de justifier les actes d'un prince que l'on met sans cesse en cause, mais qui n'a pas besoin de mon patronage. Et toutefois, Messieurs, il m'est impossible de ne pas faire ici une réflexion que chacun de vous sans doute fait aussi bien que moi. Par quelle contradiction le ministère public en est-il venu au point de voir une offense à la famille royale, dans des éloges donnés à la conduite d'un prince de cette famille ?

» A la page 38, l'écrivain dit qu'*en cas de péril imminent chacun prend son titre de la circonstance et reçoit mission de son courage.* « Ainsi, s'écrie M. l'avocat du Roi, vous » provoquez le prince à usurper des fonctions » civiles ou militaires. » Nullement ; mais je lui cite une époque que des orateurs et des ministres du Roi appelèrent à la tribune nationale la terreur de 1815 ; alors, au lieu de faire un troisième voyage en Angleterre, il aurait dû employer, auprès du prince, ses conseils et ses efforts pour faire cesser le désastre ; il devait agir comme auraient dû le faire tous les autres citoyens, riches ou nauvres, bourgeois ou paysans ; il fallait s'armer.... DE TOUTES SES RESSOURCES PERSONNELLES, c'est-à-dire de son influence et de son crédit. Il faut convenir que si j'ai cherché à exciter une ambition dans son cœur, cette ambition était noble et légitime ; car c'était celle de secourir son prince et l'Etat. QUEL SERVICE A RENDRE AU PAYS, AU SOUVERAIN, QUE DE HATER LE RETOUR DE L'ORDRE !... Voilà à quoi tendent les séditieuses provocations de M. Cauchois-Lemaire!

» Maintenant, Messieurs, se présente un passage où la réfutation est embarrassante, pas autant néanmoins que l'attaque. Page 55, l'auteur parle de Tartufe qui s'est impatronisé dans la maison, et il demande au prince un coup de main pour chasser le pauvre homme. Ici le ministère public ne développe pas sa pensée et se renferme dans son indignation. Il sait cependant qu'il faut toujours, en cette matière surtout, préciser l'accusation et mettre ainsi la défense en position d'y répondre. Que M. l'avocat du Roi précise donc. Il n'ose pas, dit-il. On ne fait pas de procès quand on n'ose pas les suivre. N'allez donc pas chercher sous ces paroles inoffensives de criminelles pensées, et deviner un sens que je craindrais aussi de préciser. Chacun de nous, en effet, a compris ce langage figuré, employé plus d'une fois par d'autres, et dont l'auteur se sert à son tour pour personnaliser une secte qui déjà s'est impatronisée chez nous et veut devenir maîtresse absolue de la maison.

» Et ici, Messieurs, je me rappelle que, pour sortir d'embarras et se dispenser de toute explication, le ministère public vous a dit qu'il fallait juger ce passage sur l'impression du moment. L'ai-je bien compris? L'impression du moment, n'est-ce pas la passion avec son irréflexion et ses emportemens? Et la justice qui doit toujours méditer ses arrêts avec tant de sagesse et de prudence, céderait ainsi au premier mouvement presque toujours trompeur! Ah! Messieurs, je n'ai pas besoin de repousser plus long-temps ce conseil échappé à l'improvisation, ce conseil que vous repoussez tous, et que M. l'avocat du Roi s'empressera sans doute de désavouer lui-même.

» Dans plusieurs passages de sa Lettre, l'écrivain a parlé d'une puissance qui semble

inconnue au ministère public. M. Cauchois—
Lemaire la désigne tantôt sous le nom de
royauté morale, tantôt sous le nom d'*empire
tutélaire*, tantôt enfin sous celui d'*autorité
d'opinion et d'influence*[1]. Ces mots frappent
le ministère public ; chaque fois qu'il les
rencontre, il s'en indigne, parce qu'au lieu
d'une puissance morale il s'obstine à y voir
une véritable royauté. Chacun sait cependant qu'il y a deux puissances dans ce monde.
L'une, sans budget et sans gendarmes, comme
le dit l'auteur, n'a aucun ordre à donner,
aucune contrainte à mettre en usage, et finit
toujours néanmoins par surmonter tous les
obstacles : cette puissance est l'opinion publique. Lautre, au contraire, a le droit de
commander ; elle lève des impôts, elle re-
crute et paie des soldats, et, pour se faire
obéir, elle peut appeler la force matérielle
dont elle dispose. C'est là le pouvoir souverain. Différentes l'une de l'autre, mais dignes
l'une et l'autre de nos respects, ces deux puissances règnent pour le bonheur de tous
quand elles s'accordent entre elles. Chacune

---

[1] *Voyez* pages 56, 39 et 26 de la Brochure.

(67)

cependant peut avoir son organe et son chef. Briguer la première est une ambition noble et légitime; chaque citoyen peut l'éprouver, et ceux-là surtout que leur position élevée ou leur haute vertu signalent plus que les autres à l'attention publique. Rechercher la seconde serait un crime, et ce n'est pas ce qu'ambitionne un prince fidèle, ce n'est pas non plus ce que lui conseille l'écrivain. Il a soin, au contraire, par des termes formels, d'expliquer sa pensée et d'écarter toute méprise. Il parle, il ne veut parler que de la royauté morale, de l'autorité que donne l'opinion. N'interprétons pas ces paroles si claires, si précises; prenons-les telles qu'elles sont, et dans le sens que leur donnent la raison et le dictionnaire.

» Ainsi, lorsque plus loin [1] M. Cauchois-Lemaire, suivant sa même idée, compare le peuple français à un grand enfant, et engage le prince à devenir son tuteur, j'ai peine à comprendre comment, au nom du pouvoir, on lui fait un reproche d'une pareille pensée. Si M. Cauchois-Lemaire se

[1] Pages 57 et 58 de la Brochure.

5*

trompe en voulant placer un prince à la tête de l'opinion publique , en voulant le charger du soin de la conduire et de la modérer, c'est la liberté qui seule a droit de s'effrayer d'un tel patronage ; car depuis quelque temps l'opinion publique a grandi en France, et , devenue majeure aujourd'hui par l'expérience de ces dernières années, elle n'a pas besoin, pour se conduire avec sagesse, d'être placée sous la tutelle d'un prince.

» Mais pourtant, si l'on en croit le ministère public, il n'y a plus à se méprendre sur les criminelles intentions de l'écrivain. Les voilà clairement manifestées dans ce passage de la page 61 , où il dit au prince qu'il n'a plus qu'à se baisser pour ramasser le joyau qui est là, par terre, que plusieurs se disputent, et qu'aucun ne peut ramasser. Ce joyau, dit-on , on ne peut s'y tromper, c'est la couronne de France. La couronne de France! Y pensez-vous ? Quoi! c'est à elle que vous appliquez ces paroles. Mais chaque mot de ce passage résiste à une telle interprétation. La couronne de France est-elle là , par terre? Non sans doute; bien loin d'être ainsi abandonnée à l'ambition du premier occupant, elle est portée et dignement portée par le Roi qui nous gouverne. Plusieurs se la disputent-ils ? Eh ! non, Messieurs, le monarque en est le possesseur plus que jamais paisible, et personne ne songe à lui disputer son droit. L'offense ici serait donc tout entière dans l'interprétation et non dans un passage qui, évidemment, ne peut avoir le sens qu'on lui prête.

» Au surplus, Messieurs, voyez ce que l'auteur ajoute aussitôt pour faire mieux encore comprendre sa pensée : *Ce joyau*, dit-il, *c'est la gloire de donner à l'Opposition un prince pour chef, gloire toute neuve en France....* Ainsi lui-même s'empresse d'expliquer le sens figuré dans lequel il emploie une expression qui, en effet, dans notre langue, n'est pas toujours prise en son sens propre et littéral. Ainsi lui-même fait rentrer cette phrase dans le sens général de sa brochure, et déclare qu'il écrit pour donner un chef à l'Opposition ; mais non assurément pour susciter un nouveau souverain.

» J'arrive à la page 68 de la brochure... Je dois bien vous fatiguer, Messieurs, par cette réfutation monotone d'une si longue série d'articles. Pardonnez–moi cependant; car il faut que je réponde à tous les griefs, et ce n'est pas ma faute si le ministère public a cité tant de passages. Mais ici je reprends courage en pensant que cet article est le dernier de la prévention.... *Tandis que nous déclinons*, dit l'auteur, *le duc de Bordeaux, le duc de Chartres et le duc de Reichstadt grandissent*. — Il n'y a plus ici d'artifice de langage, et l'écrivain provoque directement à l'usurpation de la couronne. — Qui donc est provoqué? Le duc de Reichstadt? Mais, Méssieurs, cette accusation, invraisemblable quand il s'agissait d'un prince dont le dé–vouement est inattaqué, devient presque ri–dicule maintenant qu'il s'agit d'un prince âgé de quinze ans, vivant loin de la France, étranger plus que tout autre à toute ambi–tion de ce genre. Provoquer le duc de Reichstadt dans une lettre adressée au duc d'Orléans! Quelle singulière idée! Et puis, comment concilier avec cette idée la pré–sence des noms dont on entoure le nom du jeune duc? L'auteur voulait–il donc provo–quer dans un même écrit, ou plutôt dans une seule phrase, tout à la fois le duc de Bor–

deaux et le duc d'Orléans, le duc de Chartres et le duc de Reichstadt? Une aussi folle pensée ne peut lui être attribuée. Que prétendait donc M. Cauchois-Lemaire? Il voulait, par un rapprochement bizarre, mais que l'avenir peut réaliser un jour, montrer jusqu'où s'étendent les chances de la fortune et l'instabilité des choses humaines. Ces destinées si diverses pourront se réunir dans une triple alliance. Le duc de Bordeaux, le premier dans l'écrit, comme il doit être aussi le premier dans nos affections, est élevé pour la couronne de France qu'il doit porter un jour. Déjà pour le duc de Chartres on a parlé d'un trône qu'il pourrait occuper dans la Grèce régénérée. Le duc de Reichstadt, enfin, grandissant sous la tutelle d'une puissance maîtresse de l'Italie, peut être appelé par elle à des destinées qu'il ne nous appartient ni de prévoir, ni d'approfondir. Placés sur des trônes différens, ils pourront toutefois se rencontrer ensemble sur le même terrain et s'unir entre eux par de nobles alliances. Telle a été la pensée de l'écrivain. Les uns trouveront dans ce rapprochement un jeu d'esprit que le bon goût condamne;

d'autres y trouveront au contraire une pensée morale que les chances de la politique autorisent ; mais, excepté le ministère public, personne ne pourra y rencontrer une provocation à la révolte.

» C'est ici, Messieurs, que se termine la série des articles incriminés. Peut-être je devrais à mon tour relever dans l'écrit les nombreux passages favorables à ma cause ; cette tâche, si j'essayais de la remplir, serait assurément plus longue que la première, et, comme la première, elle pourrait vous démontrer combien les véritables intentions de l'écrivain sont éloignées des intentions coupables qu'on lui prête. Ainsi, à la page 12, vous verriez que l'auteur proteste de son amour de l'ordre, de la conciliation générale, de la paix publique fondée sur des bases solides, et je vous demanderais si ce sont là les sentimens d'un homme qui veut provoquer à la révolte et aspire à bouleverser l'État. A la page 62, vous verriez que son but est d'importer en France un usage emprunté à l'Angleterre, et que, dans ce pays, il ne faut pas tant de façons pour dire une chose aussi simple, encore moins pour la faire, et je vous demanderais si c'est qu'en Angleterre on est dans l'usage de provoquer à la révolte, et si, dans ce pays, c'est une chose toute simple que de renverser le trône. Quant aux moyens qu'il propose, vous le verriez, Messieurs, tantôt il engage le prince à aller se jeter aux pieds du Roi, singulier moyen, il faut en convenir, pour un homme qui se révolte ! Tantôt, par une heureuse image, il nous fait voir un char traîné par des chevaux vicieux et demande au prince de se joindre à ceux qui veulent arrêter la roue sur le penchant du précipice. Le char, c'est la monarchie ; les chevaux vicieux, ce sont les ministres ; enfin l'appui qu'il réclame du prince, c'est, comme il le dit lui-même, de joindre sa voix à la voix publique. Voilà les sentimens qu'il professe, le but qu'il veut atteindre, les moyens qu'il propose.

» Que verrez-vous donc, Messieurs, dans l'écrit de M. Cauchois-Lemaire ? Le vœu d'un homme de bien qui, unissant sa voix à celle de la France entière, est impatient, comme elle, d'obtenir le renvoi d'un ministère odieux. Pour parvenir à ce but que l'on n'avait encore pu atteindre, il cherche tous les moyens que la loi nous laisse, et dans un gouvernement libre comme celui de l'Angleterre, il veut introduire un usage utile, ingénieux, et que l'Angleterre a depuis long-temps consacré. Le ministère qui se voit attaqué de toutes parts, veut se défendre à l'aide d'une poursuite judiciaire. Par-là, sans doute, par le retentissement de ces poursuites, de ces mots de provocations et de révolte, il espère effrayer le monarque et l'attacher à lui par de puériles terreurs. Aussitôt il jette un cri d'alarme; il prétend que ce n'est plus son existence, mais la couronne, que l'on attaque, et voilà la poursuite qui commence. Cependant quelques jours se passent à peine et la scène change tout-à-coup : le Roi comprend enfin que de tels agens peuvent tout mettre en péril; il renvoie ses ministres et revient à d'autres principes. Mais il faut que le procès commencé s'achève; ces questions graves, délicates et qui ne sont peut-être pas sans danger, ces questions auxquelles n'avait pas songé l'écrivain, et que soulève la poursuite, il faut qu'elles s'agitent au milieu de la publicité de vos audiences. Pour ces ministres qui ne sont plus, le but de ce procès imprudent est manqué sans doute, mais le procès reste comme une charge de l'héritage qu'ils ont transmis à leurs successeurs. C'est là, Messieurs, le dernier service qu'ils aient pu rendre à la monarchie ; c'est le dernier trait qu'en tombant ils aient pu lancer contre la liberté d'écrire. Heureusement votre sagesse saura réparer cette faute du pouvoir, et en terminant de fâcheux débats par une décision favorable, elle servira tout à la fois le monarque et la liberté. »

Me Joffrès présente quelques observations en faveur des libraires Ponthieu et Schubart, éditeurs de la Brochure.

Me Dupin jeune , défenseur de Cosson, après avoir rendu un éclatant et juste hommage à la brillante plaidoirie de Me Chaix d'Est-Ange, annonce que s'il n'aborde pas les questions principales du procès, c'est que telle n'est pas sa mission. Il explique comment l'écrit est parvenu à son client; c'est le 12 ou le 13 décembre que la Brochure lui a été apportée par M. Schubart. En l'absence de Cosson, elle a été donnée au prote, et aussitôt mise en main. « Si ce dernier, dit l'avocat, eût été habitué au système dangereux des interprétations, peut-être eût-il trouvé un délit dans la brochure de M. Cauchois-Lemaire ; mais en homme de bon sens, il a lu cet écrit, et il n'a vu que ce qui s'y trouvait. »

Me Dupin rappelle ensuite les circonstances dans lesquelles l'écrit a été publié. « C'était au moment, dit-il, où la victoire électorale appelait une autre victoire, où l'on demandait qu'une main protectrice s'étendît sur la France pour renverser un ministère corrupteur et odieux. » Il insiste sur le peu d'intérêt pour Cosson dans l'impression de cette brochure, et sur le danger qu'il courait de perdre son brevet. « On sait, dit le défenseur, avec quelle facilité le ministère déchu prononçait la confiscation en semblable matière. Nous ignorons encore si le ministère actuel suivra les erremens de l'ancien. Car si les promesses nous rassurent, les personnes ne nous rassurent pas entièrement. »

M. l'avocat du Roi prend la parole pour répliquer.

« Le débat du procès qui vous est soumis, dit-il, vous a présenté, il faut en convenir, un singulier spectacle. Ce n'est pas seulement sur une prévention d'un délit correctionnel qu'on a appelé votre attention ou plutôt l'attention du public dans la brillante discussion à laquelle s'est livré le défenseur du sieur Cauchois-Lemaire. Vous avez vu successivement passer devant vous tous les principes particuliers au gouvernement constitutionnel, et au milieu de cette discussion vous avez remarqué des attaques violentes contre les actes du dernier ministère. On vous les a tous signalés avec une amertume que vous avez dû trouver bien étrange (mouvement dans l'auditoire). Il ne nous appartient pas de nous expliquer, ni sur ces actes, ni sur les motifs qui ont pu les diriger. C'est la prévention, objet du procès, qui doit fixer notre attention et celle du Tribunal. »

Le ministère public rentre alors dans la discussion de la cause et s'attache à répondre aux divers moyens qui ont été plaidés par les défenseurs des prévenus.

L'affaire est renvoyée à jeudi prochain pour le prononcé du jugement.

Audience du 17.

Le public nombreux qui remplissait dès le matin la 6e Chambre , n'y avait été évidemment amené que par un vif sentiment de sollicitude et d'intérêt pour M. Cauchois-Lemaire. Les débats avaient été épuisés à l'audience de samedi dernier, il ne restait que le jugement à connaître.

M. Cauchois – Lemaire a été introduit entre deux gendarmes : peu de temps après, le Tribunal a ouvert l'audience, et M. le président Dufour a donné lecture du jugement dont la teneur suit :

« Attendu que Cauchois–Lemaire , déjà condamné par arrêt de la Cour d'assises du 30 août 1821 , comme coupable d'avoir provoqué à la guerre civile, s'est reconnu l'auteur de l'écrit intitulé : *Sur la crise actuelle, Lettre à S. A. R. le duc d'Orléans,* commençant par ces mots : *C'est à vous que j'en ai*, et finissant par ceux-ci : *Qui hâtait son essor ;*

» Que dans cet écrit Cauchois–Lemaire n'a pas eu pour but, comme il le prétend,

de conseiller à S. A. R. l'opposition légale
et constitutionnelle aux actes du ministère
qui existait alors ;

» Que de l'ensemble de l'ouvrage , et no-
tamment des passages insérés pages 56, 57,
58, 59, 61 , 62, 68 , il résulte que Cauchois-
Lemaire a eu pour objet de provoquer, et
qu'il a provoqué en effet au changement de
gouvernement et de l'ordre de successibilité
au trône ; que cette provocation n'a pas été
suivie d'effet ;

» Que ces faits constituent le délit prévu
par l'art. 2 de la loi du 17 mai 1819 ;

» Attendu, sur les autres chefs de prévention, qu'ils ne résultent pas suffisamment de
l'ouvrage incriminé ;

» En ce qui touche Ponthieu et Schubart, attendu que Ponthieu et Schubart ont
fait imprimer, vendre et distribuer l'écrit
dont il s'agit ;

» Qu'il résulte même de la déclaration de
Schubart que les prévenus, s'ils n'avaient pas
acheté l'écrit, avaient traité avec Cauchois-
Lemaire sous la condition de partager les
bénéfices ;

» Que ces circonstances établissent que

Ponthieu et Schubart connaissaient l'ouvrage qu'ils s'étaient chargés de vendre tant
pour leur compte que pour celui de l'auteur;

» Qu'ainsi ils se sont rendus complices du
délit imputé à Cauchois-Lemaire;

» En ce qui touche Cosson, attendu qu'il
n'est pas établi qu'il ait agi sciemment;

» Le Tribunal condamne Cauchois-Lemaire à quinze mois d'emprisonnement et
deux mille francs d'amende;

» Ponthieu et Schubart chacun à trois
mois d'emprisonnement et 500 fr. d'amende.

» Et tous les trois solidairement aux dé-
pens;

» Déclare bonne et valable la saisie de
l'ouvrage; ordonne la destruction des exemplaires saisis;

» Renvoie Cosson de la plainte. »

M. Cauchois - Lemaire a écouté sans
émotion la lecture de ce jugement sévère;
de nombreux témoignages d'intérêt lui ont
été prodigués avant sa sortie de l'audience.

MM. Cauchois - Lemaire, Ponthieu et
Schubart ont à l'instant même interjeté
appel.

Extrait de la *Gazette des Tribunaux* du 16 et du
Constitutionnel du 17.

» Mᵉ Chaix d'Est-Ange, qui marchait déjà en
première ligne dans le jeune barreau de Paris, vient
de consolider et d'étendre encore sa réputation par sa
plaidoirie dans la cause de M. Cauchois-Lemaire. Elle
est remarquable tout à la fois par la hauteur des vues,
par l'élégance de la diction, par la convenance et la
force de raison avec lesquelles l'orateur a abordé les
matières les plus difficiles et les plus délicates. Nous
nous empressons d'annoncer que cette plaidoirie va
être imprimée en entier, et avec tout le soin qu'elle
mérite.

» Mᵉ Chaix d'Est-Ange a eu bien raison de dire
que, par cela même que Mᵉ Dupin avait blâmé l'inconvenance, ou, pour nous servir de son expression,
l'*étourderie* de l'ouvrage, il l'avait déclaré innocent.
Cet honorable juriconsulte n'imaginait pas qu'on pût
jamais y trouver un délit, et nous l'avons entendu
s'exprimer à cet égard de la manière la plus formelle
et la plus énergique. Son étonnement, en apprenant
les poursuites dirigées contre cet écrit, a égalé celui
du public, et nous pouvons même ajouter que cet étonnement, chez Mᵉ Dupin comme partout, s'est changé
en une douloureuse indignation, lorsqu'il a connu
l'arrestation de M. Cauchois-Lemaire, qui fut son
client dans deux grandes circonstances, de M. Cauchois-Lemaire, dont il a deux fois défendu et justifié

les articles dans l'affaire du *Miroir* et dans la cause du *Constitutionnel*. Ce n'est pas seulement comme journalistes, comme hommes de lettres, comme avocats, que nous déplorons et réprouvons cette rigueur exercée contre un écrivain qui venait de lui-même se présenter devant la justice, et dont le caractère d'ailleurs repoussait tout soupçon de fuite ; c'est encore comme citoyens et comme Français, car l'abus de pareilles mesures est en opposition avec notre caractère national, nos mœurs, notre civilisation , et tendrait à nous faire déchoir dans l'opinion des étrangers. »